A · QUI

L'ESPAGNE ?

PAR

A. DUMON

ANCIEN VICE-CONSUL DE FRANCE

DIRECTEUR DE LA STATIOGRAPHIE DES CHEMINS DE FER FRANÇAIS
(GUIDE DESCRIPTIF, INDICATEUR INTERNATIONAL)

PRIX : 1 FRANC

PARIS

IMPRIMERIE ADMINISTRATIVE DE PAUL DUPONT

RUE J.-J.-ROUSSEAU, 41 (HOTEL DES FERMES)

DENTU, libraire-éditeur, 17 et 19, galerie d'Orléans (Palais-Royal).

1869

A QUI

L'ESPAGNE?

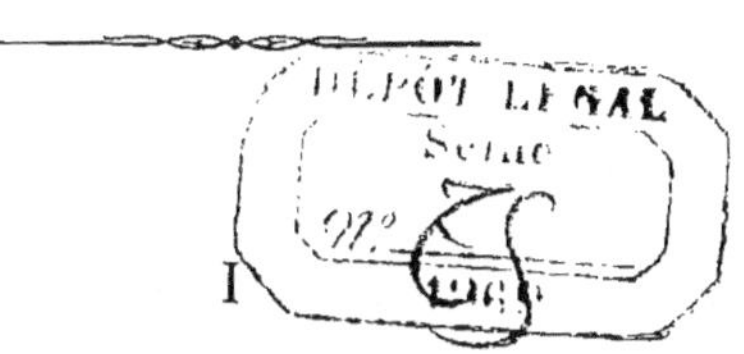

I

Le lugubre drame espagnol touche à sa fin.

Quel sera son dénoûment?

Voilà la question que chacun se pose sans même en entrevoir la solution.

L'Espagne redeviendra-t-elle Monarchie, deviendra-t-elle République?

Mystère!

Là où on cherche un point lumineux, on ne trouve que des ténèbres.

En attendant mieux, nous assistons au grotesque spectacle des prétendants de toute sorte, se disputant le trône d'Isabelle.

C'est aussi dégoûtant qu'une curée!...

C'est aussi comique que le *Testament de César Girodot.*

On se pâme de rire devant ces comédiens sans le savoir. Fiers, orgueilleux, sans scrupule comme sans vergogne, ils brûlent les planches, luttent d'aplomb, cascadent à qui mieux mieux, cherchant par maintes grimaces à attirer l'attention du public, se disant chacun à part soi :

Il faut que je sois rappelé... quand aura été chanté le couplet de la fin.

— Mesdames les grenouilles... non... Messieurs les Espagnols, vous êtes embarrassés, n'est-ce pas, fort ennuyés ? Cela se comprend.

Nous savons ce qu'il vous faut :

Une république ou un roi.

La république... Pouah ! cela ne se porte plus, je vous l'assure...

Un roi. Ah ! cela est de la dernière mode... Et puis, ça vous changera ; vous aviez une reine.

Tenez, Messieurs ! je m'offre pour être votre roi. Je me nomme le duc de Montpensier... Je vous aime, je proteste de toute ma déférence pour vos libres résolutions. Je vous assure de mon patriotisme et de mon désintéressement. Je n'ambitionne rien !

Rien ! seulement un trône !... c'est une bagatelle.

D'ailleurs, si vous ne voulez pas de moi, je vous recommande mon fils. C'est un enfant, mais avec une lisière à plusieurs bouts, c'est-à-dire une bonne régence, il marchera tout seul.

* *

— Ne l'écoutez pas, Messieurs les Espagnols... c'est un intrigant.

Moi, c'est autre chose.

Je me nomme Don Carlos...

Je ne suis pas prétendant, je suis votre roi ; quoique bien jeune encore, je n'ai jamais cessé de l'être ; vous ne m'avez pas vu souvent, il est vrai. Je n'ai jamais signé le moindre décret ni établi le moindre impôt. C'est que je voyageais pour ma santé. Je vous arrive aujourd'hui en pleine convalescence. Je viens prendre en main les rênes de mon gouvernement. Je monte sur le trône de mes pères que je n'aurais jamais dû confier qu'à moi-même, car, faut-il vous le dire, je ne suis pas très-satisfait de ma cousine Isabelle II, qui, vous le savez, n'était que mon lieutenant près de vous, absolument comme Napoléon Ier était le premier lieutenant de sa majesté Louis XVIII, roi des Français.

Maintenant que me voilà, vous pouvez être assurés que tout marchera comme sur des roulettes, par cette raison seule qu'on se trouve toujours mieux d'avoir affaire au bon Dieu qu'à ses saints. Les Français en savent quelque chose. Ils doivent se souvenir encore avec quel paternel désintéressement leur roi légitime, — au lieu d'aller, chose affreuse! comme Napoléon son barbare capitaine, porter la guerre chez les peuples ses voisins, — fusillait et guillotinait ses sujets afin de leur prouver le plaisir qu'il avait à les revoir.

*

— Ne les écoutez pas, bons Espagnols; ce sont des poules mouillées et des blagueurs. Je suis un homme sérieux et mûri par l'expérience. Je fus l'ami et le défenseur d'Isabelle II. On me nomme Espartero, je suis maréchal de mon métier. Je suis grand d'Espagne de première classe et duc de la Victoire. J'ai vécu longtemps sur les marches du trône... ça me connaît. Je sais fort bien tenir une épée.— Pourquoi ne tiendrais-je pas un sceptre?... un sceptre est un joujou à côté de mon sabre. Je sais que mes prétentions sont insensées, mais j'espère que vous les accueillerez, l'époque étant aux bouffonneries.

Je ne vous dis que ça !

*

— Messieurs les Espagnols, je me nomme de Saxe-Cobourg... Je...
Allez vous asseoir !

*

— Pardon, Messieurs les Espagnols, je suis le prince Alfred d'Angleterre. On veut que je... Vous savez, je n'y tiens pas plus que cela...
— Vous êtes un brave garçon... mais il faudrait d'abord vous faire baptiser.

*

A qui l'Espagne ?
Messieurs les ministres se chargent de l'adjuger. Ils sont en conciliabule pour le plus grand bien du royaume. Ils méditent, creusent

leurs fortes têtes d'où sortira, comme de l'urne solennelle, le nom de l'adjudicataire. Messieurs les Espagnols devront le subir.

Et ce sera bien fait. Puisqu'ils ne savent pas faire eux-mêmes leurs affaires, il faut bien que quelqu'un se charge de les faire pour eux.

Mais de quel droit messieurs les ministres disposeraient-ils ainsi de la liberté et de la volonté du peuple espagnol? La révolution n'a pas été, que je sache, faite spécialement pour messieurs les ministres.

Le gouvernement provisoire a-t-il donc oublié qu'il avait promis de s'abstenir de tout parti pris et de laisser l'assemblée constituante libre de choisir la forme et le chef du gouvernement?

Messieurs les militaires ne doutent de rien, c'est une chose reconnue. Mais qu'ils sachent que le règne du sabre a fait place au règne de l'idée.

L'idée, c'est la voix du peuple, c'est le suffrage universel; et nous ne croyons pas que messieurs les militaires qui gouvernent provisoirement l'Espagne aient l'audace, à défaut d'en avoir le droit, d'éconduire le suffrage universel à coups de plat de sabre sur le dos.

II

Le duc de Montpensier, en posant sa candidature, a calculé en politique consommé; mais a-t-il bien réfléchi au pas qu'il faisait? Non. L'ambition ne réfléchit pas et l'ambition, la convoitise, furent toujours les principales vertus des d'Orléans.

Avant de s'avancer, le duc eût dû regarder en arrière. Quels antécédents pourrait invoquer en sa faveur M. de Montpensier?

Est-ce la mémoire de son grand-père Philippe-Égalité, qui vota la mort de son cousin Louis XVI, histoire de se faire passer pour sans-culotte... comme s'il n'était pas déjà assez débraillé?

Est-ce le souvenir de son père Louis-Philippe qui, après avoir sué sang et eau à conspirer ténébreusement contre Charles X... devenu à son tour roi de France par la grâce du diable... donna le spectacle de la plus vile turpitude, fit de son trône un comptoir, agiota comme le plus astucieux des courtiers marrons, et fut, pour prix de ses bassesses, honteusement chassé par ses sujets?

Est-ce sa conscience à lui? sa bonne foi, son caractère?

Banni de France à la révolution de février, après avoir vagabondé par l'Angleterre et la Hollande, il arrive en Espagne. Il est accueilli à la cour avec empressement, avec affection. Il reçoit à pleines mains les dons et les faveurs, et, tout en souriant à la reine qui l'abrite au pied de son trône, songe qu'un jour lui aussi pourrait s'asseoir sur ce trône. Il spécule sur les troubles qui tourmentent l'Espagne, il épie le moment où son ambition pourra jeter son premier cri... et lorsque la catastrophe a eu lieu, lorsque Isabelle, en proie aux convulsions de son agonie royale, cherche autour d'elle des soutiens et des défenseurs, elle voit à la tête de ses ennemis celui qui naguère est venu s'asseoir à son foyer.

Montpensier se vautre sur les dépouilles de ceux dont il a mangé le pain.

Il est accusé d'avoir fomenté les troubles qui ont ensanglanté Cadix.

Quelle garantie d'honneur peut donner à un peuple un prince qui a trahi l'amitié et failli à la reconnaissance, le plus saint des devoirs?

Qui a trahi trahira.

Montpensier, si l'Espagne se donne à lui, que fera-t-il de l'Espagne?

.*.

Lorsque, le 10 octobre 1846, grâce aux intrigues de Louis-Philippe et à l'adresse de ses diplomates, le duc de Montpensier épousa, à Madrid, Marie-Louise-Fernandine de Bourbon, sœur d'Isabelle II, le roi des Français considéra cette alliance comme le fait politique de son règne le plus important à l'extérieur.

Le vieux fourbe sentait son trône se dérober sous lui. La tempête grondait déjà sourdement; il entrevoyait sa chute, l'exil pour lui et les siens, par un de ces pressentiments qui assaillent malgré toute leur hardiesse ceux dont la conscience est impure.

Le mariage de son fils avec une fille de Marie-Christine fut un coup bien joué dont la finesse n'échappa point à l'Angleterre, laquelle épiait avec vigilance les manœuvres du roi négociant.

L'Espagne était en proie aux dissentiments de toute sorte. La couronne d'Isabelle n'était guère plus solide que celle de Louis-Philippe... Une révolution semblait imminente en Espagne comme en France.

Isabelle pouvait d'un moment à l'autre voir son sceptre lui échapper.

Montpensier, époux d'une fille de Marie-Christine, pouvait, le cas échéant, sinon par droit, du moins par intrigue, se poser en successeur de la reine. L'intrigue réussit le plus souvent mieux que le droit. Louis-Philippe en savait quelque chose ; à défaut d'un trône en France, les d'Orléans pouvaient s'asseoir sur un trône en Espagne.

*
* *

Le moment est venu, et Montpensier lève le masque.

Il réclame la succession de la reine Isabelle détrônée. Isabelle est sa belle-sœur, qu'importe ! Avez-vous remarqué qu'il en est des grands de ce monde comme de la basse populace ? Pour eux il n'est pas de famille.

Les extrêmes se touchent.

La candidature de Montpensier a passé par bien des vicissitudes.

Après s'être présenté avec bruit, *personnellement*, comme prétendant, le duc, *par suite des conseils d'hommes politiques importants, renonce définitivement à sa candidature personnelle et propose celle de son fils aîné, avec une régence composée de trois personnes. Pendant cette régence, toutes les questions pourraient être résolues sans que le prestige du futur monarque eut à en souffrir.*

Quelle est cette comédie ?

L'Espagne veut-elle un roi ou n'en veut-elle pas ?

Si elle veut revenir à la monarchie ; si, renonçant à l'établissement d'un nouvel ordre de choses, elle veut se donner encore un souverain, elle a mieux que le fils de Montpensier.

Elle a son roi légitime.

La reine Isabelle, par les fautes du gouvernement de ses ministres, est à jamais tombée du trône. Elle ne doit pas songer à retourner en Espagne comme reine. Comme citoyenne... peut-être!

Mais elle a un fils, un fils qui seul a droit à la couronne, si la couronne est à prendre : le prince des Asturies.

Le prince des Asturies serait roi avec une régence composée de trois personnes. Pendant cette *régence, toutes les questions pourraient être résolues sans que le prestige du futur monarque eût à en souffrir*. Le passé pourrait être réparé et l'avenir voir s'ouvrir un chemin dans lequel le pays pourrait avancer sans crainte de trébucher contre les obstacles qui, jusqu'alors ont entravé sa marche vers le progrès et la liberté.

Qu'en dit M. de Montpensier?

L'Espagne ne veut plus de Bourbons, dira-t-on.

Elle se jette dans les bras des d'Orléans !

Nous savons une chose que l'expérience nous a apprise :

C'est que chaque fois que des Bourbons on est passé aux d'Orléans, on est tombé de mal en pis.

*
* *

Aujourd'hui le gouvernement provisoire semble accorder toutes ses sympathies à la candidature du duc de Montpensier.

Il y a quelque chose là dessous, comme dit la chanson.

Le gouvernement provisoire ne serait-il pas travaillé et Montpensier appuyé par certaines puissances jalouses de faire niche à la France et de donner pour roi à l'Espagne un prince d'Orléans ennemi juré de l'Empereur des Français, un Napoléon assis sur le trône de Louis-Philippe.

Dame! on n'a jamais pu savoir. Il y a tant de gens qui vous serrent la main et n'ont pas fait deux pas derrière vous, qu'ils vous traitent de canaille!

III

Un prétendant qui obtient un succès de fou rire, c'est Monseigneur Don Carlos.

Ces pauvres Don Carlos n'ont jamais eu de chance.

Ni l'enfant de Navarre prince de Viane, doué des plus brillantes qualités, lâchement trahi et dépossédé par son père Jean de la couronne que lui avait légué sa mère Blanche, et empoisonné en 1461 par la seconde femme de son honorable père.

Ni le fils du farouche Philippe II et de Marie de Portugal, violent, vindicatif, mauvais fils, parricide s'il l'eut pu, et à qui l'inquisition, pour plaire à Monsieur son père, donna en 1568, un passe-port en règle pour l'éternité.

Il y a des noms qui portent malheur, ils sont sinistres.

Le nom de Don Carlos est de ceux-là.

Don Carlos, le frère de Ferdinand VII, le grand-père du prétendant d'aujourd'hui, fut un assez piètre sire.

Dépossédé du trône d'Espagne par la pragmatique-sanction du 29 mars 1830 qui abolit la loi salique et reconnut Isabelle II comme héritière du trône de son père Ferdinand VII ce mouchard de l'inquisition amusa beaucoup l'Europe par la façon dont il s'y prit pour conquérir le trône qui lui était enlevé.

De 1834 à 1839, quoique désapprouvé par la France qui avait reconnu en lui une cervelle creuse, il revendiqua ses droits avec l'épée... de ses partisans. On ne l'aperçut jamais sur un champ de bataille.

Il combattait par procuration.

Comme il n'a jamais donné de raison valable pour excuser cette singulière façon de montrer qu'il était digne d'être roi, il nous est permis de supposer qu'elle lui était dictée par la couardise.

Si sa cause eût prévalu, c'eût été un roi fainéant.

Lorsqu'il passa en France, Louis-Philippe lui donna la ville de Bourges pour résidence.

Monseigneur Don Carlos eut une hallucination. Il avait une ville pour ainsi dire à lui. Il se crut à Madrid, dans le palais de ses pères. Il eut sa cour composée de quelques laquais affamés. Ces courtisans le traitaient en roi... l'appelaient Majesté. Lui se redressait comme un pou égaré sur la colerette d'un page.

Il se croyait vraiment roi... si bien qu'en 1844, pour prouver qu'il était on ne peut plus souverain, il *abdiqua*. Il passa sa couronne de carton à son fils, le comte de Montémolin.

M. de Montémolin, digne fils de son père, fit parler de lui dans son temps. Il aurait bien voulu de la couronne d'Espagne... mais elle lui brûla les doigts. Il essaya de tous les moyens pour en attraper un morceau. Ses expéditions, ses échauffourées, son projet de mariage avec Isabelle II, rien ne lui réussit. Il s'en revint Gros-Jean comme devant.

Pas de chance !

Il est d'ailleurs honorablement connu pour ses parjures et les petits expédients qui le faisaient subventionner à Londres.

Il est le père du don Carlos d'aujourd'hui... ce qui est une triste recommandation pour don Carlos, en faveur de qui il a *abdiqué !*

Cette famille a la spécialité des abdications. Après tout, quand ça ne coûte rien !

.*.

Don Carlos n'a jamais fait de mal à personne. Il ne devrait pas commencer aujourd'hui. Que lui ont fait les Espagnols, pour qu'il tienne si fort à les avoir sous sa férule?

Nous ne connaissons don Carlos que par ouï dire. Voici ce que nous lisons de lui dans une brochure écrite par un de ses panégyristes :

« Le prince don Carlos, héritier légitime du trône, peut être le
« roi régénérateur de l'Espagne ; sa foi religieuse, sa fermeté poli-
« tique (?), son amour profond de la patrie, son éducation faite en
« exil sous l'intelligente et libérale direction du duc de Massa, son
« parrain, homme d'État aux idées progressives, économiste à la
« façon anglaise : tout dans la personne de don Carlos, dans sa
« femme, jeune princesse gracieuse et d'un esprit aimable, dans
« ses conseillers Cabrera, Tristany et Fuentes, tout promet que
« l'Espagne retrouvera enfin le roi selon son esprit et selon son
« cœur. »

Qui vous a dit cela, monsieur le panégyriste ?

— La fermeté politique de don Carlos !

— Où donc en a-t-il jamais donné un échantillon... ?

— Son amour de sa patrie !

— Je n'en doute pas. Tout le monde doit aimer sa patrie. C'est tout naturel.

— Sa femme, jeune princesse gracieuse et d'un esprit aimable...

— Je m'incline respectueusement. — C'est vrai. — Mais cela ne suffit pas pour gouverner un royaume et faire le bonheur d'un peuple.

« Charles VII n'apportera pas avec lui, en montant sur le trône « de ses pères, une constitution toute faite... »

— Je crois bien ! Une constitution, c'est lourd. Cela le gênerait pour partir : où mettrait-il ses malles !

— « Son intention est d'assembler les hommes les plus éclai- « rés, etc... »

— Parbleu ! On dit toujours cela.

Non, don Carlos n'est pas libéral. Il est l'ennemi juré des idées qui seules pourraient rallier à son nom la majorité espagnole. Il l'a prouvé par sa lettre adressée aux souverains de l'Europe.

Il n'a pas de passé politique qu'il puisse invoquer en sa faveur.

Il faut, en Espagne, un roi et non un roitelet. Don Carlos est trop grand pour qu'on lui donne une régence ou une tutelle ; il est trop faible pour marcher seul.

Qu'il reste dans sa petite cour de la rue Lafayette. On l'appelle Majesté, cela doit lui suffire. Qu'est-ce qu'un trône ?... un trône de bois doré ? Que ne s'en fait-il fabriquer un !

Oui, qu'il reste là-bas. Il y sera beaucoup mieux qu'à Madrid, pour sa tranquillité personnelle et le bonheur de l'Espagne qui n'a pas tant soif de sang que cela.

IV

La candidature du maréchal Espartero n'est pas sérieuse ; c'est une toquade de vieux soldat. Quel génie bouffon a donc soufflé au vieux duc de la Victoire l'idée de se faire nommer roi ? N'a-t-il pas assez de sa gloire sanglante ? Ne se souvient-il pas qu'il prêta serment de fidélité sur le berceau de la fille de Ferdinand VII ? qu'il fut le protecteur dévoué d'Isabelle II autant qu'il fut l'ennemi juré des carlistes ? Croit-il qu'il soit digne de lui et de la renommée de convoiter aujourd'hui les dépouilles de sa reine dont il fut jadis l'ami dévoué ? Sa vie fut bien remplie, son cœur fut toujours vaillant, son bras toujours fort. Qu'il reste sous son enveloppe de grand d'Espagne, le rude homme d'épée que nous connaissons. Il a toutes les qualités du soldat et du général. Il n'a aucune des qualités requises pour faire un roi.

Il est drôle de voir un semblable personnage prêter au ridicule.

Rions de la candidature d'Espartero, mais saluons quand même le farouche duc de la Victoire ! C'est un bon soldat et une fine lame.

Disons, pour l'excuser, que le terrible s'allie souvent au grotesque....

Et n'en parlons plus.

***

L'avénement du prince Alfred d'Angleterre ne fut jamais possible.

Son grand défaut est d'être protestant.

Un protestant sur le trône de la catholique Espagne !...

Ce serait un Anglais sur le trône de France.

Quant au prince de Saxe-Cobourg, il faudrait tout au moins qu'il exhibât un certificat de bonne conduite et un diplôme de capacité, ce dont il serait fort en peine.

La candidature des princes italiens est une mauvaise plaisanterie.... pour notre Saint-Père le pape.

Voyez-vous l'Espagne gouvernée par le duc d'Aoste ou le prince Thomas, un fils et un neveu de Victor-Emmanuel ?

La catholique Espagne veut donc jeter son bonnet pardessus les moulins et se faire excommunier ?

D'ailleurs, ces candidatures ne sont pas nettement posées. Le général Cialdini est allé à Madrid ; mais à l'heure où nous écrivons ces lignes on ne sait pas ce qu'il y est allé faire ; il ne le sait même pas lui-même.

*
* *

Vous vous souvenez de la comédie qui se joua en Grèce lorsqu'il s'agit de donner un successeur à Othon le maigre sire.

La comédie qui nous est donnée aujourd'hui est encore plus cocasse.

Elle nous a suggéré une idée :

Il y a à Paris des bureaux de placement pour les employés des deux sexes.

Pourquoi n'ouvrirait-on pas un bureau de ce genre destiné à pourvoir aux commandes de rois, reines et autres martyrs de ce cancer dévorant qui s'appelle l'ambition ?

BUREAU DE PLACEMENT POUR SOUVERAINS DES DEUX SEXES !

Ces respectables personnages sans place seraient nourris, logés... il serait permis de sonder leur caractère, de les essayer dans un commerce journalier, et lorsqu'un peuple se trouverait avoir besoin d'un roi, il n'aurait qu'à venir là chercher un sire à son choix que le bureau lui garantirait un ou deux ans. Si, passé ce délai, le peuple n'était pas content de son roi, il n'aurait qu'à le renvoyer et à en demander un autre.

Comme cela il n'y aurait pas besoin de révolutions.

V

Le règne d'Isabelle II, inauguré par une guerre civile de sept ans devait avoir une sinistre fin.

Après trente-huit ans de royauté, voilà aujourd'hui la fille de Ferdinand VII proscrite et malheureuse par la faute d'autrui.

Rien ne lui a été épargné, ni les avanies, ni les reproches sanglants, ni les cris d'insulte. On a dirigé contre elle les plus perfides insinuations.

Il n'est rien de tel que la calomnie pour tuer son homme.

On a calomnié Isabelle II pour la détrôner. Ce ne sont pas ses cruautés qui ont fait la révolution, ce sont les calomnies des ingrats qu'elle a faits pendant son règne.

On lui a donné pour favoris intimes tous les seigneurs de sa cour : on a accolé son nom à celui de Marfori, son intendant.

Cette dernière calomnie serait la plus atroce si elle n'était la plus ridicule.

Qu'est-ce que Marfori?

Un petit homme brun avec des côtelettes sur les joues et de fières moustaches, un type de toréador. Il ressemble à tout le monde et n'a pourtant pas l'air du premier venu. Son grand œil noir brille d'une lueur étrange. Il y a sur son visage quelque chose de fantastique ; mais il n'y a dans sa personne rien qui puisse lui attirer l'attention et les faveurs d'une femme, cette femme fût-elle une Messaline !

Ce qu'on dit de la reine d'Espagne, on l'a dit de toutes les souveraines. Cela était vrai de certaines qui d'ailleurs ne s'en cachaient pas.

Nous ne nous appesantirons pas sur ce misérable sujet. Nous dirons seulement ceci :

Il n'y a de vrai que la vérité. Il n'y a de vérité que ce que l'on voit, que ce que l'on touche.

Qu'on nous accuse d'être aussi incrédule que saint Thomas ! soit. Il est des cœurs qui nous comprendront, ceux qui savent qu'on doit le respect à une femme, cette femme fût-elle une reine tombée ?

Nous avons rencontré ces jours passés la reine Isabelle. Elle se promenait à pied, dans une allée des Champs Elysées, au bras de son mari, le front voilé d'une fière tristesse.

Elle fut reconnue. Les passants la regardaient muets, avec cette curiosité morne et sympathique du Parisien lorsqu'il est en face d'une infortune ou qu'il suit le convoi d'un de ceux qu'il a aimés.

Sur la grande avenue passait, dans son équipage à la daumont, une courtisanne quelconque. Les gandins, petits crevés, même des personnages de haut lieu, souriants, obséquieux, ôtaient leurs chapeaux devant cette catin maquillée qui se pavanait dans sa voiture payée par ses flasques appas.

La courtisane était en voiture, la reine était à pied.

Nous avons eu un serrement de cœur devant l'hommage rendu

à cette lorette et le silence au milieu duquel s'avançait Isabelle.

Nous ne sommes pas royaliste. Mais nous avons sifflé la courtisane et salué la reine !

*
* *

La reine Isabelle est-elle responsable de toutes les fautes qu'on lui impute et qu'elle expie si cruellement ?

Elle a toujours subi la tutelle, la satanique influence de sa mère Marie-Christine, et la dictature de Narvaez. Grâce aux intrigues de la veuve de Ferdinand VII qui se déshonorait par son amour pour Nuñoz, un ancien garde du corps, l'Espagne, pendant trente ans, fut le théâtre de la plus horrible guerre civile. Mesures impopulaires, état de siége, lois antilibérales, rien ne fut négligé pour soulever l'indignation publique et ébranler le trône d'une jeune reine, avide d'être aimée de son peuple comme elle l'aimait elle-même. Dès son mariage, Isabelle fait tous ses efforts pour échapper à l'influence pernicieuse de sa mère, à l'aide de laquelle Narvaez et Bravo Murillo tuaient l'une après l'autre toutes les libertés.

Elle n'était pas la plus forte.

Le règne de la fille de Ferdinand VII fut une longue angoisse. Émeutes terribles, conspirations, tentatives armées de don Carlos et du comte de Montémolin, attentats contre sa personne, révolutions, voilà quelles furent les distractions offertes à la jeune souveraine. Il n'est pas jusqu'à son mariage qui ne lui ait suscité les plus grands embarras, en indisposant l'Angleterre, intriguant pour le prince Léopold de Cobourg, et la Russie qui voulait lui imposer le comte de Montémolin ! En vain appelle-t-elle près d'elle des hommes dont elle avait su comprendre le sens droit et le haut caractère : Espartero, Salamanca, Serrano. Toujours la reine-mère est là qui revient, comme un spectre malfaisant, arracher une à une les pierres de fondement du monument royal. Cependant, au milieu de tous ces troubles, de toutes ces intrigues, nul ne songeait à renverser la reine et nous voyons les Cortès consacrer toujours le principe monarchique par une éclatante majorité.

Aujourd'hui la reine, est tombée. La cause de sa chute est le secret de ses ministres...

Nous n'avons pas ici à faire l'histoire de ces dernières années : elle est connue de tous... Bientôt elle sera jugée, et la lumière se fera.

VI

Nous avons posé au commencement de cette brochure une question à laquelle nous revenons.

L'Espagne veut-elle une république, veut-elle une monarchie ? Il lui faut l'une ou l'autre.

Nous ne croyons pas la république possible en Espagne. Alors même qu'elle serait proclamée, elle n'aurait qu'une vie éphémère; elle subirait le sort qu'ont subi les deux républiques françaises. Ce serait l'anarchie. L'Espagne n'est pas mûre pour le régime républicain.

Si république il y avait, quel en serait le président ?

Question oiseuse, et que résoudrait seule la plus atroce guerre civile.

Nous ne voyons de régime possible aujourd'hui qu'un gouvernement monarchique.

Qui sera roi ?

Ce ne sera ni Montpensier, ni Don Carlos, ce ne sera ni Espartero, ni Cobourg

Ce sera le prince des Asturies.

Lui seul a des droits légitimes que ne peuvent contester les puissances européennes, devant lesquels doivent s'incliner les prétendants qui se sont trop hâtés de jeter leurs noms dans l'urne, et que le peuple espagnol, s'il veut relever le trône de ses rois, va reconnaître bientôt par la voix du suffrage universel.

Isabelle II est toujours reine; elle n'a pas abdiqué. Elle n'abdiquera que du moment où son abdication ne choquera pas son amour-propre de reine, ne brisera pas son cœur de mère en dépouillant son fils, victime bien innocente des coupables errements des ambitieux et des intrigants qui ont fait le malheur de son pays.

Le prince des Asturies, c'est la paix.

Montpensier, Don Carlos, etc...., c'est la guerre civile, c'est-à-dire la ruine.

Le prince des Asturies, c'est le drapeau sous les plis duquel viendront se rallier tous les partis et autour duquel viendront tourbillonner comme autour d'une lumière, pour y brûler leurs ailes de chauve-souris, les traîtres qui, depuis si longtemps, étouffent dans leurs bras la malheureuse Espagne.

Je dis ceci :

Tous les unionistes espagnols applaudiront et l'Espagne entière avec eux.

**

Il faudra au prince des Asturies un conseil de régence à la tête duquel je voudrais voir le général Prim !

Général Prim, c'est la première fois que votre nom tombe de ma plume et je ne l'écris pas sans une respectueuse émotion.

J'ai souri de dédain aux paroles de ceux qui voyaient en vous un nouveau Cromwell.

Vous avez le triple prestige de n'avoir jamais été ministre, d'être vaillant, d'avoir été proscrit.

L'Espagne vous aime parce que jamais vous n'avez failli à vos devoirs envers elle, parce que jamais vous n'êtes resté sourd à l'appel du pays. Vous avez les vertus des anciens preux comme vous en avez la bravoure. Vous n'avez pas trahi votre reine, vous n'avez pas souillé votre épée. Le jour est proche où le vœu de la nation appellera au trône, pour le former au milieu d'elle, le prince dont elle attend sa prospérité dans l'avenir. Ce jour-là, le nom du prince des Asturies, votre nom seront réunis par le peuple espagnol dans un seul cri d'enthousiasme. Prenez par la main cet enfant dont la main pressa si souvent la main du vôtre. Aidez-lui à monter les marches de son trône, et, toujours près de lui, enseignez-lui par le récit des fautes passées à prévenir des catastrophes nouvelles ; apprenez-lui comment on porte dignement une couronne, et comment, pour défendre sa couronne, on porte une épée !

A. DUMON.

Paris, impr. Paul Dupont, 41, rue J.-J.-Rousseau, 5256.